T0327085

UNUSUAL
& UNIQUE
HOTELS

UNUSUAL & UNIQUE HOTELS

monsa

UNUSUAL & UNIQUE HOTELS
Copyright © 2016 Instituto Monsa de ediciones

Editor, concept, and project director
Josep María Minguet

Project's selection, design and layout
Patricia Martínez (equipo editorial Monsa)

INSTITUTO MONSA DE EDICIONES
Gravina 43 (08930)
Sant Adrià de Besòs
Barcelona (Spain)
Tlf. +34 93 381 00 50
www.monsa.com
monsa@monsa.com

Visit our official online store!
www.monsashop.com

Follow us on facebook!
facebook.com/monsashop

ISBN: 978-84-16500-15-4
D.L. B 1630-2016
Printed by Indice

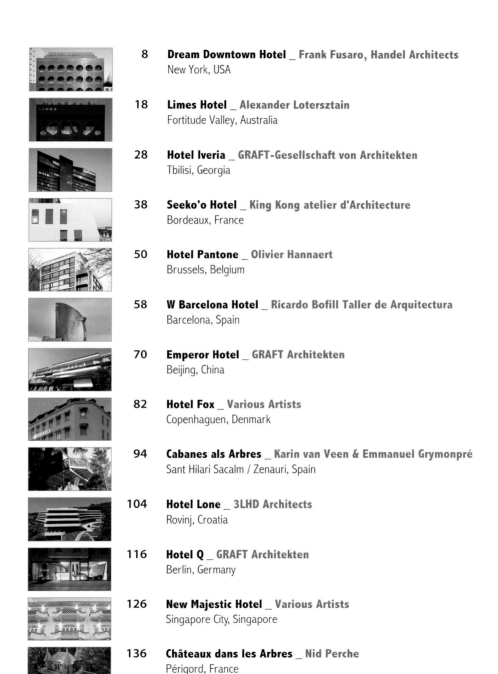

Introduction

Nowadays, in some of the most visited cities in the world, and also in other places with a great touristic attractive, some hotels have been built which due to their original design and their especial characteristics had become one more of the monuments of the city and spots of touristic interest. They are hotels that are photographed and visited daily, many reaching the point where they are seen as a badge of the city.

Not everybody has the privilege of lodging in a hotel of this type. The ones that do, know that they are going to pass an unforgettable stay, not only due to the comfort of their rooms, but also due to their charm and spectacular architecture and decoration.

Some of them have a theme, meaning that their rooms have been decorated by international artists from different spheres: graphic design, urban art, illustration… There are even hotels that go beyond, like the W Barcelona, and through their outline and location they manage to make you feel as if you where sailing in the open sea while others are like wooden cabins built on the trees of a forest; sleeping on their rooms is an experience that will make us feel as if we were in a fairy tale.

We present a selection of singular and unique hotels, both by their architecture and their interior design, that run away from the typical concept of standard hotel and are conceived for travellers looking for a different and unforgettable place to lodge.

Actualmente en algunas de las más visitadas ciudades del mundo, y también en lugares con gran atractivo turístico, se han construido hoteles que por su original diseño y características especiales se han convertido en un monumento más de la ciudad y en un punto de interés turístico, son hoteles que diariamente son fotografiados y visitados, muchos de ellos llegando a ser reconocidos como emblema de la ciudad.

No todo el mundo tiene el privilegio de alojarse en hoteles de este tipo. Quien lo hace sabe que va a pasar una estancia inolvidable, no sólo por la comodidad de sus habitaciones sino también por su encanto y espectacular arquitectura y decoración.

Algunos de ellos son temáticos, es decir que sus habitaciones han sido decoradas por artistas internacionales de diferentes ámbitos: el diseño gráfico, el arte urbano, la ilustración… Hay hoteles que incluso van más allá, a través de su forma y situación como el W Barcelona, consiguen que te sientas como si estuvieras navegando en alta mar y otros son cabañas de madera construidas en los árboles de un bosque; dormir en sus habitaciones es una experiencia que nos hará sentir como si estuviéramos en un cuento de hadas.

Presentamos una selección de hoteles singulares y únicos tanto por su arquitectura como por su diseño interior, que huyen del concepto típico de hotel estándar, y están pensados para viajeros que buscan un sitio diferente e inolvidable donde hospedarse.

Dream Downtown Hotel

New York, NY, USA

ARCHITECTS:
Frank Fusaro, Handel Architects
www.handelarchitects.com

DIMENSIONS:
17,158.63 m^2 / 184,700 sq ft

PHOTOGRAPHERS:
© Bruce Damonte, Philip Ennis,
Edward Menashy

COLLABORATORS AND OTHERS:
Handel Architects, Blondies Treehouse
(landscape architects); FOCUS Lighting (lighting);
Robert Silman Associates (structural engineer);
McGowan Builders (construction management)

It is located in the Chelsea neighborhood of New York, the 12 Storey high hotel includes 316 rooms, two restaurants, terraces, VIP lounges, outdoor swimming-pool, gym, conference room and a store. In 2006 the architects were in charge of the annex reconversion at the head office of the National Maritime Union, which was built in 1966 by the architect Albert Ledner.

Situado en el barrio de Chelsea de Nueva York, el hotel de 12 pisos incluye 316 habitaciones, dos restaurantes, terrazas, salones VIP, piscina exterior, gimnasio, sala de conferencias y una tienda. En el 2006 se encargó a los arquitectos la re-conversión del anexo en la sede del National Maritime Union, construido en 1966 por el arquitecto Albert Ledner.

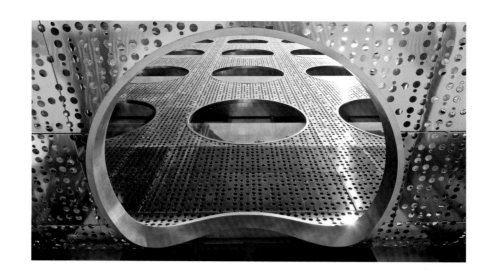

Section
Sección

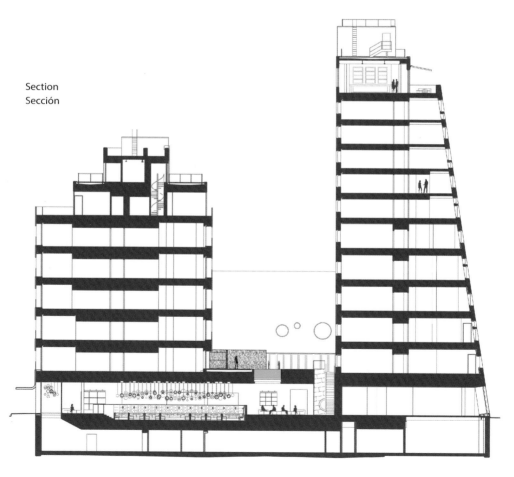

The façade stands out, constructed by two layers of perforated stainless steel. In the metal sheet, bull's eye shaped orifices are formed that serve as balconies.

Destaca la fachada, fabricada con dos capas perforadas de acero inoxidable. En la chapa se crean orificios con forma de ojo de buey que sirven de balcones.

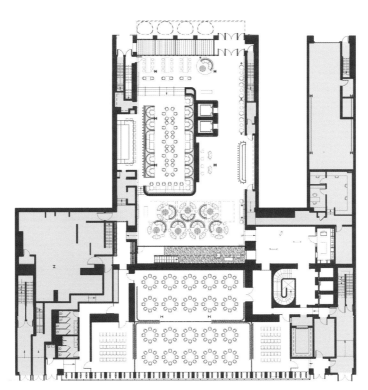

Ground floor plan
Planta baja

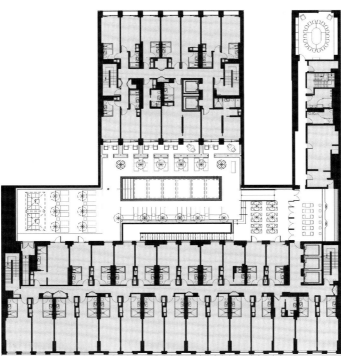

First floor plan
Primera planta

Limes Hotel

Fortitude Valley, Brisbane (Queensland) Australia

ARCHITECT:
Alexander Lotersztain

DIMENSIONS:
1,100 m² / 11,840.30 sq ft

PHOTOGRAPHER:
© Alexander Lotersztain

With only 21 guestrooms, the exclusive yet inviting Limes Hotel was designed by Alexander Lotersztain and the first member of Design Hotels opened in Australia. The previous design work concentrated on the hotel as a whole, taking into consideration the desired look and a sense of the contemporary, not to mention paying a great deal of attention to the interior decor, furniture, surfaces and finishes, expanding this influence into even the music and drinks list associated with the design of the Limes.

Con sólo 21 habitaciones, el Limes es un hotel exclusivo y acogedor diseñado por Alexander Lotersztain, y el primero en Australia que se inaugura como miembro de los Design Hotels. El trabajo previo de diseño se concentró en el hotel en su conjunto, teniendo en cuenta el *look* deseado y la sensación de contemporaneidad, así como prestando gran atención a los interiores, mobiliario, superficies y acabados, ampliando esta influencia incluso a la lista de la música y bebidas, asociadas al diseño del Limes.

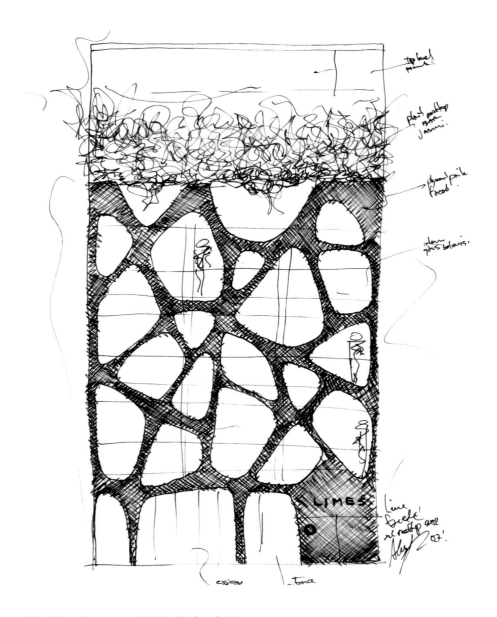

The Limes logo was palpably displayed on the facade in an extra large visual scale and is found throughout the hotel, such as in the hotel lobby, rooms, roof top bar and cinema.

La fachada ha sido palpablemente marcada por el logotipo de Limes en una escala visual muy amplia y se encuentra representada a su vez en detalles por todas partes del vestíbulo del hotel, habitaciones, el bar de la azotea y el cine.

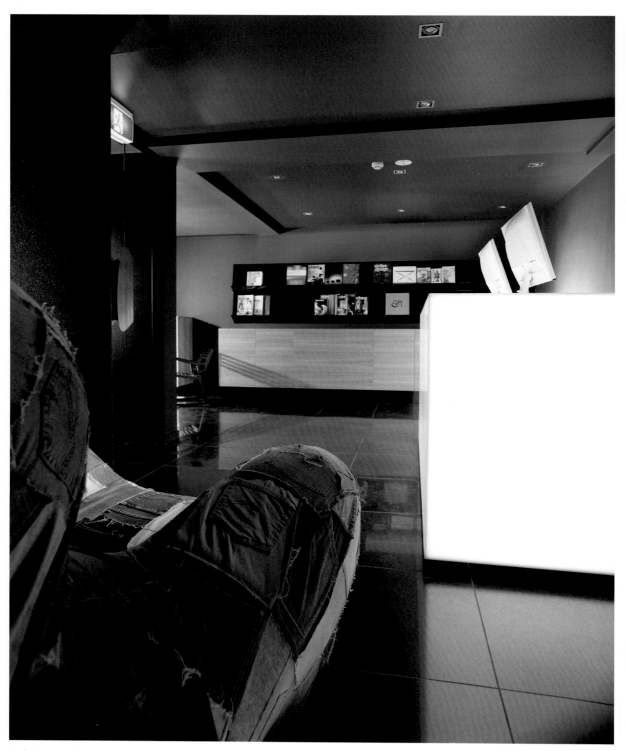

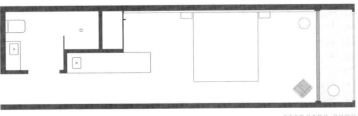

1000
500

1 : 50

STANDARD ROOM

Rooms
Habitaciones

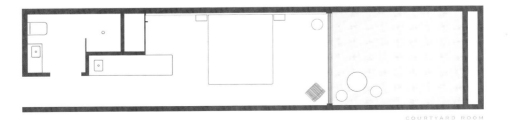

COURTYARD ROOM

Hotel Iveria

Tbilisi, Georgia

ARCHITECT:
GRAFT-Gesellschaft von Architekten
www.graftlab.com

DIMENSIONS:
34,200 m² / 368,137.8 sq ft

PHOTOGRAPHERS:
© Hiepler & Brunier Architekturfotografie, Tobias Hein

The project is the conversion of a sixties building into a five star hotel, a bank office and a casino. The aim was to transform the international style building's symbolic construction into a contemporary reference point. The interiors reflect the local traditions, such as the wooden balconies of Tbilisi.

El proyecto es la reconversión de un edificio de los años sesenta en un hotel de cinco estrellas, una oficina bancaria y un casino. El objetivo era transformar la construcción emblemática de estilo internacional en un edificio contemporáneo de referencia. Los interiores recogen las tradicionales locales, como los balcones de madera de Tiflis.

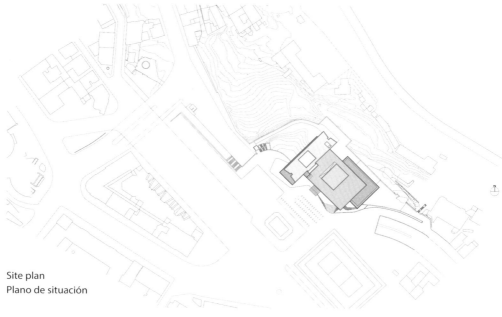

Site plan
Plano de situación

In the interior design, typical materials from Georgian restaurants and bars were used: wooden reliefs, individual carpets and nooks.

En el diseño interior se han utilizado materiales típicos de los restaurantes y bares de Georgia: relieves en madera, alfombras específicas y recovecos.

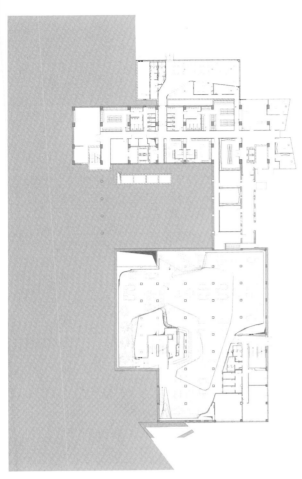

Basement-2 floor plan
Planta sótano 2

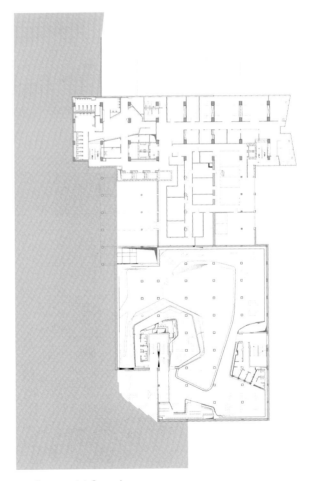

Basement-1 floor plan
Planta sótano 1

First floor plan
Primera planta

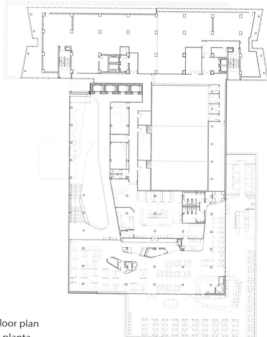

Second floor plan
Segunda planta

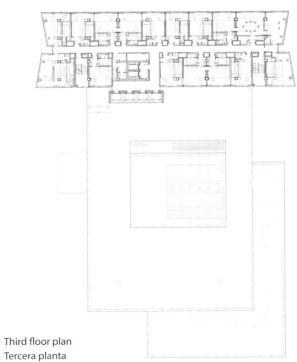

Third floor plan
Tercera planta

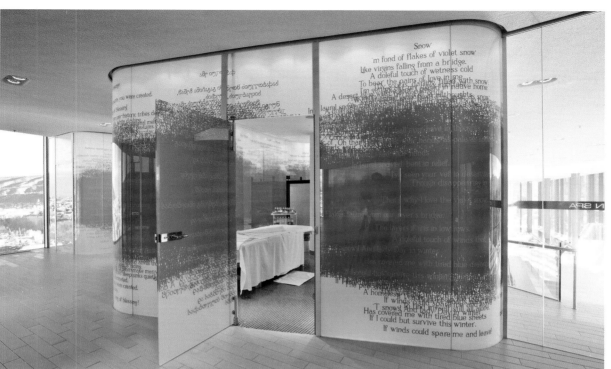

Seeko'o Hotel

Bordeaux, France

ARCHITECT:
King Kong atelier d'Architecture
www.kingkong.fr

DIMENSIONS:
2,300 m² / 24,756.99 sq ft

PHOTOGRAPHER:
© Arthur Péquin

An original project was paired up with a strange language; Seekoo means "iceberg" in the Eskimo language. The name not only suggests the building's clean lines, but also the immaculate image of its skin, evoking a changeable view of the hotel depending on the time of day or night. The sun's rays make the windows sparkle when they reflect over the glass.

Un proyecto original que se emparejó con una extraña lengua: Seekoo significa "iceberg" en la lengua esquimal. El nombre sugiere tanto las líneas limpias del edificio como el aspecto inmaculado de su piel, y evoca la mirada cambiante del hotel según sea de día o de noche. Rayos de sol que chisporrotean en las ventanas, reflejándose sobre el cristal.

The translucence and depth of the hotel's logo become patently clear with the cutting-edge lighting system; behind this light lies the warmth of an elegant and spiritual decor and the promise of an array of exclusive services.

La translucidez y la profundidad del logotipo de hotel quedan patentes mediante un sistema de iluminación vanguardista; tras esta luz reside el calor de un decorado elegante y espiritual, y la promesa de una serie de servicios exclusivos.

Site plan
Plano de situación

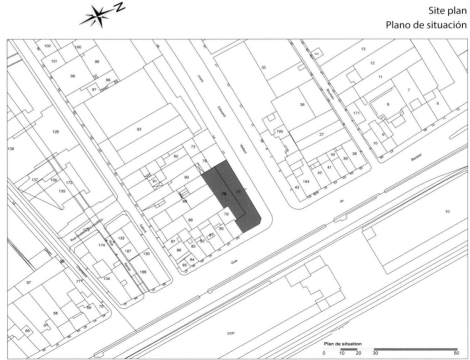

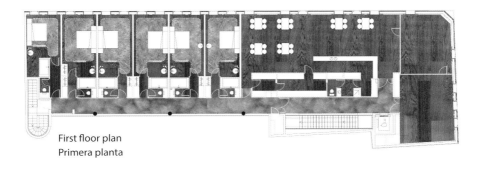

First floor plan
Primera planta

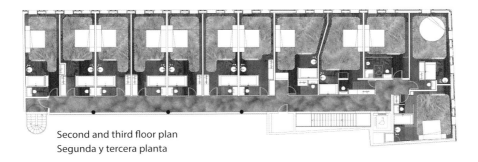

Second and third floor plan
Segunda y tercera planta

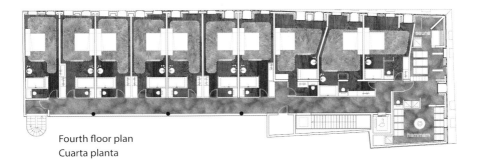

Fourth floor plan
Cuarta planta

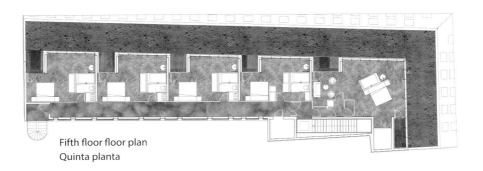

Fifth floor floor plan
Quinta planta

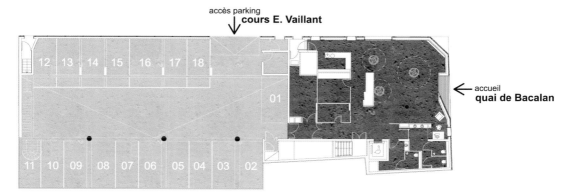

accès parking
cours E. Vaillant

accueil
quai de Bacalan

Floor plan
Planta

A systematic model of regularly proportioned openings lines its two facades; these are windows and "French doors": their height exceeds their width and ensures a remarkable visual continuity that extends to the riverbank facade.

Un modelo sistematizado de aperturas, regularmente proporcionadas, cubre sus dos fachadas; son ventanas y "ventanas francesas": su altura excede su anchura y aseguran una continuidad visual notable en la extensión de la fachada de la orilla del río.

Hotel Pantone

Brussels, Belgium

ARCHITECT:
Olivier Hannaert
www.as-built.be

INTERIOR DESIGNER:
Michel Penneman

PHOTOGRAPHERS:
© Sven Laurent & Serge Anton

A global concept… Avi and Ilan Haim are the owners of this hotel, which they bought two years ago. The idea for a Pantone Hotel came from an orange Pantone bag which Michel Penneman bought 8 years ago in Brussels, during an exhibition of the first products to be developed from and labeled Pantone. The hotel is a support element designed to highlight the mark. It sets out to be as sober and neutral as possible.

Un concepto global. Avi e Ilan Haim son los propietarios de este hotel, que compraron hace dos años. La idea de crear el Hotel Pantone surgió de una mochila de color naranja Pantone que Michel Penneman compró hace ocho años en Bruselas durante una exposición de los primeros productos desarrollados bajo la marca Pantone. El hotel es un elemento de soporte diseñado para dar relevancia a la marca y trata de ser lo más sobrio y neutro posible.

As mention is the design of the common areas of this hotel. To enhance the Pantone colors present in any object, the interiors mainly consists of white used as a sort of backdrop. Even the reception desk is white, which lets you see the logo of Pantone.

Cabe destacar el diseño de las zonas comunes de este hotel. Para potenciar los colores Pantone presentes en cualquier objeto, el interior se compone principalmente de blanco que se utiliza como una especie de telón de fondo. Incluso el mostrador de recepción es de un color blanco que permite ver el logotipo de Pantone.

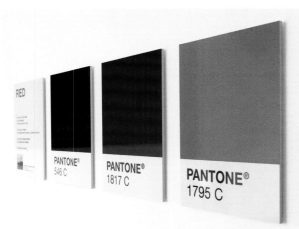

The bathrooms are in pure white, with the only color being provided by the Pantone products (soaps, etc…)

Los baños son de un blanco puro y el único color que aparece es el de los productos Pantone (jabones, etc.)

W Barcelona Hotel

Barcelona, Spain

ARCHITECT:
Ricardo Bofill Taller de Arquitectura
www.bofill.com

DIMENSIONS:
45,000 m² / 484,375.9 sq ft

PHOTOGRAPHERS:
© Lluis Carbonell, Gregori Civera

COLLABORATORS AND OTHERS:
Ricardo Bofill, Jean Pierre Carniaux,
José María Rocías (team);
Eduardo Palao (structural construction);
Marta de Vilallonga, Héctor Gascó, Alejandro Boix,
Joan Baseiria (interior designers)

Located in the entrance of Barcelona's New Port, the building has the shape of a sail and is constructed on a 10 hectare plot. It includes a five star hotel with 473 rooms, 67 suites, a bar in the attic, spa, covered and open air swimming pool, several food shops, a boutique, a public square, and a sports port.

Situado en la entrada del nuevo puerto de Barcelona, el edificio tiene forma de vela y se construyó sobre un terreno de 10 hectáreas. Incluye un hotel de cinco estrellas con 473 habitaciones, 67 suites, un bar en la azotea, spa, piscina cubierta y al aire libre, varias tiendas de alimentación, una boutique, una plaza pública y un puerto deportivo.

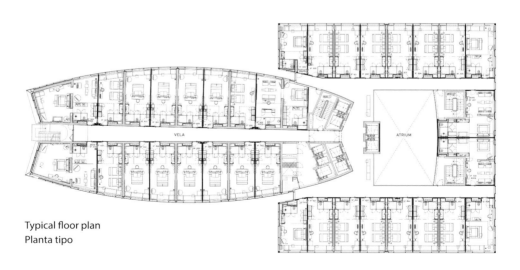

Typical floor plan
Planta tipo

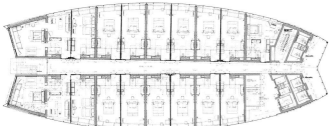

Twelfth floor plan
Duodécima planta

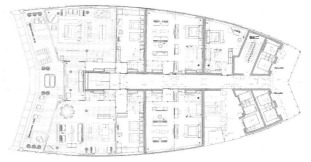

Twenty-fourth floor plan
Vigésima cuarta planta

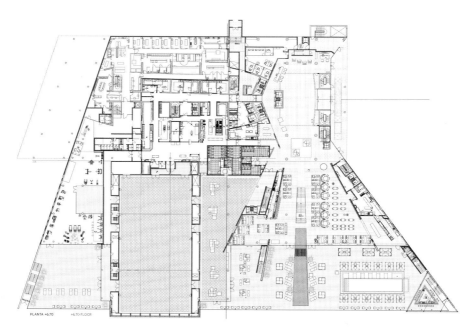

Sixth and seventh floor plan
Sexta y séptima planta

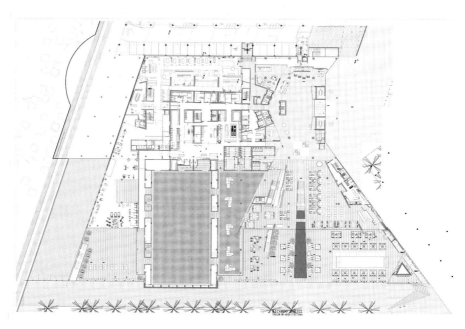

Ground floor plan
Planta baja

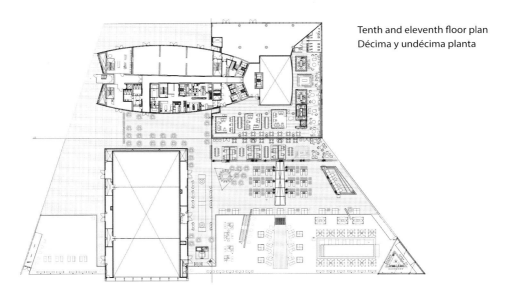

Tenth and eleventh floor plan
Décima y undécima planta

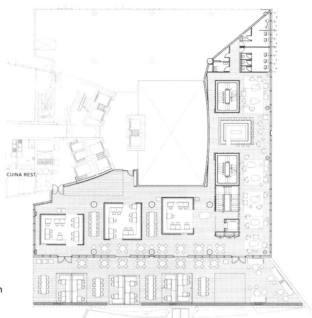

Restaurant and terraces floor plan
Plano del restaurante y terrazas

The building's lobby reveals sea views and enjoys natural zenith light. From the hotel the silver coloured reflective glass façade stands out.

El vestíbulo del edificio revela vistas al mar y goza de luz cenital natural. Del hotel destaca la fachada de vidrio reflectante de color plata.

Much of the furniture has been designed to measure in order to create pragmatic scenery. The design is based on a coherent relationship between the interior and exterior.

Muchos de los muebles han sido diseñados a medida para recrear un escenario pragmático. El diseño se basa en una relación coherente entre el interior y el exterior.

Emperor Hotel

Beijing, China

ARCHITECT:
GRAFT Architekten
www.graftlab.com

DIMENSIONS:
4,800 m² / 51,666.77 sq ft

PHOTOGRAPHER:
© L2 Studior

The Emperor Hotel hides contemporary design behind a rather traditional exterior. In the center of up-and-coming Beijing, it stands firmly and silently among temples and residential buildings to become an oasis in a bustling modern city. The Emperor features 46 guestrooms, eight suites and the magnificent "Emperor's Suite". It also boasts of a top-notch spa named "Yue", meaning joy in Chinese. The glassed-in compound enjoys a fantastic view over the Forbidden City and the Ning He Temple.

El Hotel Emperor esconde un diseño contemporáneo tras un exterior tradicional. En el centro de un Pekín pujante, se afirma silenciosamente entre templos y viviendas ofreciendo a un oasis en el corazón de una ciudad moderna y ajetreada. El Emperor ofrece 46 habitaciones, ocho suites y una magnífica "suite del Emperador". También presume de un balneario de clase superior llamado "Yue", que significa alegría. El acristalado recinto ofrece vistas asombrosas sobre la Ciudad Prohibida y el templo de Ning He.

Taking full advantage of its location with impressive views from its rooftop bar, guests can thoroughly revel in their surroundings.

Aprovecha su posición ofreciendo vistas impresionantes desde su bar de la azotea, que permite a los huéspedes disfrutar totalmente de sus alrededores.

1. Bar area	1. Bar
2. Spa area	2. Zona de spa
3. Fitness room	3. Gimnasio
4. Massage room	4. Sala de masajes
5. Juice bar	5. Bar de zumos
6. Foodstand	6. Zona de paseo
7. Meeting room	7. Sala de reuniones
8. Storage	8. Almacenamiento

Rooftop plan
Planta de la azotea

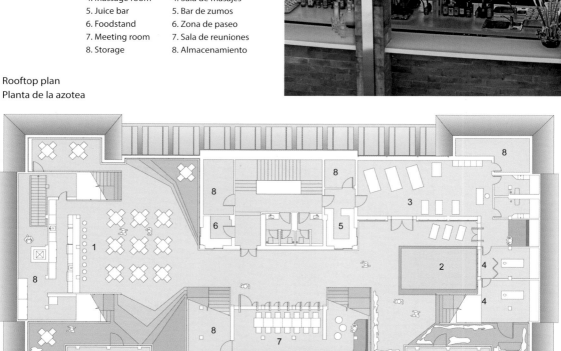

1. Dining area	7. Reception	1. Comedor	7. Recepción
2. Lounge area	8. Uni-sex toilet	2. Sala de estar	8. Baño unisex
3. VIP room	9. Kitchen	3. Sala VIP	9. Cocina
4. Bar	10. Staff Canteen	4. Bar	10. Cantina del personal
5. Kitchen	11. Staff Locker	5. Cocina	11. Vestuario del personal
6. Storage	12. Office	6. Almacenamiento	12. Oficina

0 1　　　　5　　　　10m

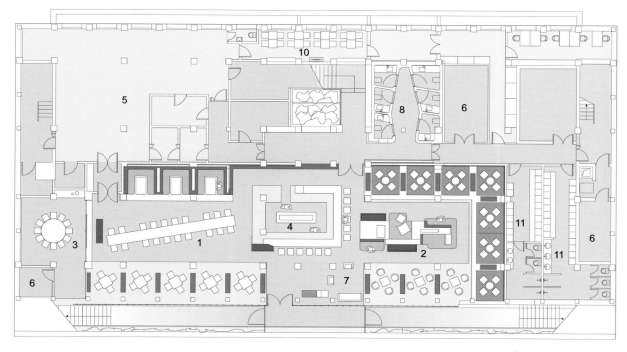

Basement plan
Planta sótano

In the vestibule, the fluting begins in an out-sized sofa that softly extends to entrance, where guests may idle and welcome the new arrivals.

En el vestíbulo, la estriación comienza como un sofá ampliado que suavemente sobresale en la zona de acceso, donde los invitados pueden holgazanear y dar la bienvenida a nuevas llegadas.

1. Main reception
2. Standard room
3. Deluxe room
4. Junior Suite
5. Secondary reception
6. Extension room
7. Storage
8. Security room
9. Shop

1. Recepción principal
2. Habitación standard
3. Habitación deluxe
4. Junior Suite
5. Recepción secundaria
6. Habitación extra
7. Almacenamiento
8. Habitación de seguridad
9. Tienda

Floor plan
Planta

0 1   5   10m

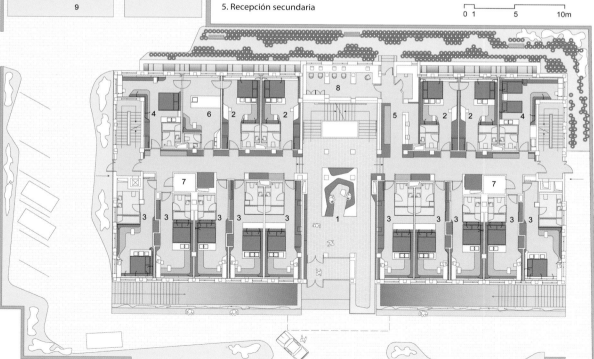

1. Standard room   1. Habitación standard
2. Deluxe room   2. Habitación deluxe
3. Junior Suite   3. Junior Suite
4. Storage   4. Almacenamiento

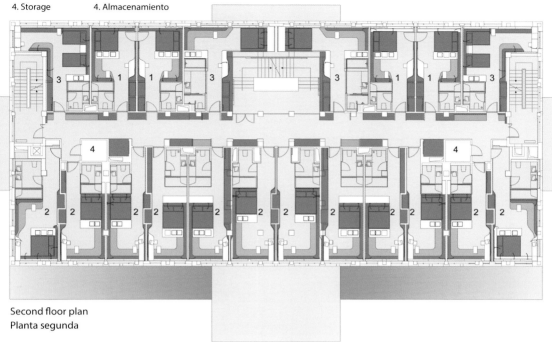

Second floor plan
Planta segunda

Third floor plan
Planta tercera

1. Standard room   1. Habitación standard
2. Deluxe room   2. Habitación deluxe
3. Junior Suite   3. Junior Suite
4. Suite   4. Suite
5. Storage   5. Almacenamiento

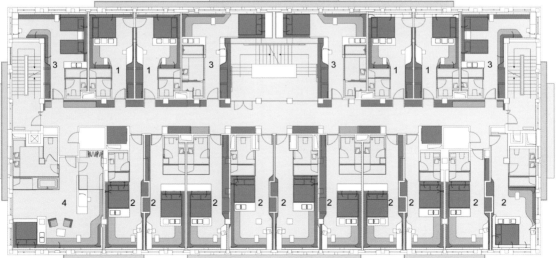

79

Hotel Fox

Copenhaguen, Denmark

INTERIOR DESIGN:
Various Artists
www.hotelfox.dk

PHOTOGRAPHER:
© diephotodesignes.de

For the launch of the Volkswagen Fox, 21 international artists from the fields of graphic design, urban art and illustration turned Hotel Fox in central Copenhagen, into the world's most exciting and creative lifestyle hotel. 61 rooms, 21 artists, 1,000 ideas. Each room is an individual piece of art - from wacky comical styles to strict graphic design, from fantastic street art and Japanese Manga to simply spaced out fantasies. You will find flowers, fairytales, friendly monsters, dreaming creatures, secrets vaults, etc.

Para el lanzamiento del Volkswagen Fox, 21 artistas internacionales de diferentes ámbitos del diseño gráfico, el arte urbano y la ilustración convirtieron el Hotel Fox, ubicado en el centro de Copenhague, en el hotel con el estilo más excitante y creativo del mundo. 61 habitaciones, 21 artistas, 1000 ideas. Cada habitación es una pieza de arte individual: desde estilos graciosos y disparatados hasta un riguroso diseño gráfico, desde el fantástico arte urbano y el Manga japonés hasta espacios sencillos sin fantasía. Encontrarás flores, cuentos de hadas, monstruos simpáticos, criaturas fantásticas, lugares secretos, etc.

ROOM 217, "King's Forest".

Artist: Birgit Amadori (Germany)

"The forest is populated with beings beyond your imagination but the FOX, traditionally known as the traveller between worlds, will be there to guide you. King's Forest is a place of spiritual freedom, and also a place to gather energy. Take a stroll through King's Forest and see what secrets are hidden behind its trees."

"El bosque está habitado por seres que van más allá de tu imaginación pero el zorro, tradicionalmente conocido como el viajero entre mundos, estará allí para guiarte. La King's Forest es un lugar de libertad espiritual y también un lugar para reponer fuerzas. Date un paseo por el bosque del rey y descubre qué secretos se esconden tras los árboles".

ROOM 509, "King's Court 1".

Artist: Birgit Amadori (Germany)

"You are invited to spend a night at the King's Court 1. The King and Queen have gathered their magicians, jesters, fortune-tellers and other mystical courtiers to greet you. Blue represents the King's Court and is associated with trust, loyalty and honesty. Also it is the colour of the sky and the deep sea, which suggest infinite freedom."

"Estás invitado a pasar una noche en la King's Court 1. El rey y la reina han reunido a sus magos, bufones, adivinos y otros místicos cortesanos para saludarte. El azul representa la corte del rey y está asociado a la confianza, la lealtad y la honestidad. También es el color del cielo y del mar, lo que sugiere una libertad infinita".

ROOM 309, "Clubs - The Secret Palace".
Artist: Container (UK)

"Deep red paints and fabrics mixed with a dark and sultry palette makes this a seductive and sophisticated room. It is designed to intoxicate and relax."

"Las pinturas y telas granates mezcladas con una paleta oscura y sensual hacen que esta habitación sea seductora y sofisticada. Está diseñada para embriagar y relajar".

ROOM 502, "Hearts-The Royal Wedding".
Artist: Container (UK)

Room 502 is hearts: "The Honeymoon Suite: honesty and true love are the heartbeat of this room; fusing opulent fabrics with romantic accessories; a homage to the romance of a royal wedding."

La habitación 502 representa los corazones: "La suite nupcial: la honestidad y el amor verdadero son el latido de esta habitación, que fusiona telas opulentas con accesorios románticos; un homenaje al romanticismo de una boda real".

ROOM 404, "Wa".

Artist: Shinya Chisato (Japan)

"Wa means Japanese in Japanese. I imagined Japan and then named this room Wa. In Japan, most houses have rooms with tatami mats in the Japanese style even today. I hope you feel the atmosphere of Wa a bit in this room."

"Wa significa japonés en japonés. Me imaginé Japón y, entonces, llamé Wa a esta habitación. Incluso hoy en día, en Japón, muchas casas tienen habitaciones con tatamis de estilo japonés. Espero que se pueda sentir un poco el ambiente Wa en esta habitación".

ROOM 112, "Mori".

Artist: Shinya Chisato. (Japan)

Chisato's inspiration came from her homeland of Hokkaido in the north of Japan: "There is a lot of nature and countryside there. There are four distinct seasons to the year and there is a lot of snow in winter. – 'Mori' means forest in Japanese."

Chisato se inspiró en su tierra natal, Hokkaido, al norte de Japón: "Allí hay mucho campo y naturaleza. Hay cuatro estaciones diferentes al año y, en invierno, hay mucha nieve. Mori significa bosque en japonés".

ROOM 312, "Yume".

Artist: Shinya Chisato (Japan)

Imagining dreams: "Yume means dream in Japanese. I hope that you dream your own story when you sleep in this room, inspired by the wallpaper that I drew. Have a wonderful dream."

Imaginando sueños: "Yume significa sueño en japonés. Espero que sueñes tu propia historia cuando duermas en esta habitación, inspirada en el papel de pared que dibujé. Que tengas dulces sueños".

ROOM 303, "Guardian Angel".

Artist: Geneviève Gauckler (France)

Friendship: "The guardian angels take care of you and your dreams. Their rounded and smooth shapes wrap you in feelings of security and softness."

Amistad: "Los ángeles de la guarda te cuidan a ti y a tus sueños. Las formas redondas y suaves te envuelven de sensaciones de seguridad y ternura".

ROOM 106, "Sleep well".
Artist: Geneviève Gauckler (France)

Fun: "The glorious, technicolor-dream-coat room where rocking horse people eat marshmallow pies!"

Diversión: "¡La gloriosa habitación del manto de sueños tecnicolor donde la gente que monta en caballitos de balancín come tartas de malvavisco!"

ROOM 205, "Big Birds with Big Eyes".
Artist: Hort (Germany)

Companionship. Hort see creating a hotel room as a responsibility: "Someone is going to live in this room for a while, they are going to breathe the atmosphere more intensely than someone just visiting like at an exhibition. This is a room that you experience anew every day."

Compañía. Hort cree que crear una habitación de hotel es una responsabilidad: "Alguien va a vivir en esta habitación durante un tiempo, va a respirar el ambiente más intensamente que alguien que sólo la va a ver en una exposición. Esta es una habitación que experimentas cada nuevo día".

ROOM 209, "Chance".
Artist: Antoine et Manuel (France)

North vs. South: "It is about chance. I'm deeply impressed by the influence of chance on our lives and what we make of it. Tell me a story about spirits of the Black Forest and Amazonia. I am a small animal finding my way. Trees are like chess pieces. Rocks are dice. Life is a game of chance."

Norte contra Sur: "Trata sobre el azar. Me impresiona mucho la influencia del azar en nuestras vidas y lo que hacemos de él. Cuéntame una historia sobre los espíritus de la Selva Negra y la Amazonia. Soy un animalito buscando mi camino. Los árboles son como piezas de ajedrez. Las piedras son dados. La vida es un juego de azar".

ROOM 116, "Tinkp Eepe".
Artist: Freaklüb (Spain)

Snuggle up deep under the covers. Nestle into your pillow close your eyes and listen: Once upon a time in a land far, far away…

Ponte bien cómodo bajo la colcha, acurrúcate en tu almohada, cierra los ojos y escucha: había una vez, en un país muy, muy lejano…

ROOM 403, "Woo Flart".
Artist: Freaklüb (Spain)

Friendship. "We wanted to create a story that explains the moment when a character falls asleep, and their dreams come true and fill the whole room." Let the nimble, quick-witted fox be your guide as you slip between folds of sleep, through clouds of stardust into the dimensions of magical worlds.

Amistad. "Queríamos crear una historia que explicara el momento en el que un personaje se duerme, y sus sueños se hacen realidad y llenan la habitación con ellos". Deja que el hábil e inteligente zorro te guíe mientras te deslizas en el sueño por las nubes de polvo de estrellas hasta las dimensiones de los mundos mágicos.

ROOM 214, "Two Swans (Fertility Shrine)".
Artist: Friendswithyou (USA)

Creativity. For Friendswithyou the whole process was an "enchanting experiment" in maintaining the functionality of a room whilst creating a whole new world inside it: "Celebrate life and free yourself from your daily inhibitions. Let the gentle ambience of this sacred forest be your guide, as you slip into your true selve."

Creatividad. Para Friendswithyou, todo el proceso fue un "experimento cautivador" para mantener la funcionalidad de la habitación mientras se creaba un mundo completamente nuevo en su interior: "Celebra la vida y libérate de las inhibiciones diarias. Deja que el dulce ambiente de este bosque sagrado te guíe mientras te deslizas por tu verdadero yo".

ROOM 302, "Harmony's Helm".
Artist: Friendswithyou (USA)

Honesty: "Welcome to the centre of the universe! We offer you solace and purity as you enter Harmony's Helm. This room's ultimate soul is revealed once the sacred 'Harmony Bell' is used – that is if you can find it. This is a place where secrets can be revealed. Your goal is to regain honesty through concentration. What are you searching for?"

Sinceridad: "¡Bienvenido al centro del universo! Al entrar en la Harmony's Helm, te ofrecemos consuelo y pureza. El alma esencial de esta habitación se desvela una vez se utiliza la sagrada "campana de la armonía" (eso si la encuentras). Es un lugar donde se pueden revelar secretos y cuyo objetivo es recuperar la honestidad mediante la concentración. ¿Qué es lo que buscas?".

ROOM 307, "Dryads".
Artist: Collective Rinzen (Australia)

Safe comfort: "The Dryads room is like walking into the depths of a forest, stepping on a bed of fallen leaves accompanied by the tunes of the banjo-playing frog. Deep in the heart of the forest, a ring of youthful Dryad spirits sleep safely in womb-like pods. Their dream-thoughts animate the trees into a panoply of playful and symbiotic activity with their cohabitants in the leafy glade."

Comodidad segura: "La habitación Dryads es como caminar por las profundidades de un bosque, subiéndote a una cama de hojas ya caídas y acompañado por la melodía de una rana que toca el banjo. Ya en lo profundo del bosque, un grupo de jóvenes espíritus de Dríades duermen plácidamente en vainas en forma de cunas. Sus sueños convierten a los árboles en un despliegue de actividad alegre y simbiótica con sus cohabitantes en el frondoso claro".

Cabanes als Arbres

Sant Hilari Sacalm (Girona) / Zenauri (Vizcaya), Spain

ARCHITECT:
Karin van Veen & Emmanuel Grymonpré
www.cabanesalsarbres.com

PHOTOGRAPHER:
© Luis Salinas

This group of cabins is a type of rural alternative, ecological and sustainable accommodations in direct contact with the tree and its ecosystem. The trunk is the axis of the cabin and crosses its interior. It has been constructed with untreated natural wood and complies with quality and adaptability requirements; the chestnut tree is used in the interior lining since it handles extreme climates well, whereas the Douglas fir has good mechanical resistance, works as a structure and as an inside lining accessory, specifically for ceilings.

Este grupo de cabañas son una forma de alojamiento rural alternativo, ecológico y sostenible en contacto directo con el árbol y su ecosistema. El tronco es el eje de la cabaña y atraviesa su interior. Se han construído con madera natural no tratada y que cumple con los requisitos de calidad y adaptabilidad; el castaño se utiliza en el revestimiento interior ya que soporta bien los climas extremos, mientras que el abeto Douglas tiene una buena resistencia mecánica, sirve de estructura y tambien de aislante del revestimiento interior, especialmente para techos.

Elevations
Alzados

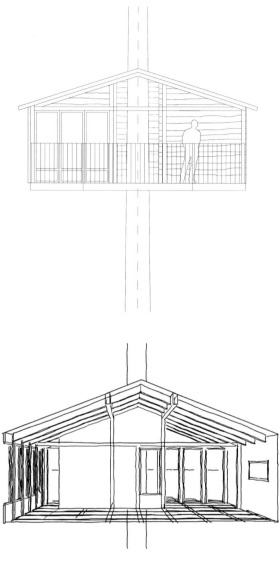

The ventilation and the airing of the cabins are attained naturally by an airflow that ascends throughout the trunk, exiting through ventilation holes located on the tiled roof. The terraces are customized with chestnut, acacia or strawberry tree branches.

La ventilación y aireación de las cabañas se realiza de forma natural por una corriente de aire que asciende a lo largo del tronco, saliendo por unos huecos de ventilación situados en el tejado. Las terrazas se personalizan con ramas de castaño, acacias o madroño.

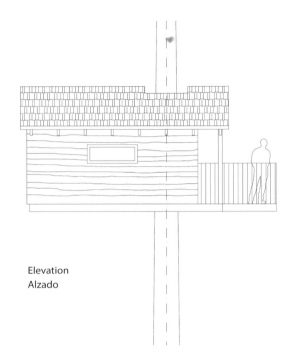

Elevation
Alzado

Floor plans
Plantas

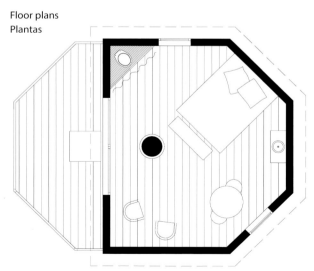

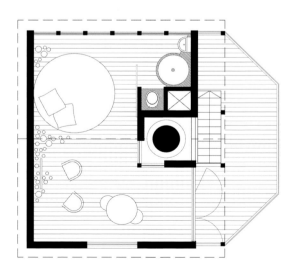

Elevation
Alzado

Hotel Lone

Rovinj, Croatia

ARCHITECT:
3LHD Architects
www.3lhd.com

DIMENSIONS:
22,157 m² / 238,503.7 sq ft

PHOTOGRAPHERS:
© Cat Vinton, Damir Fabijanić, 3LHD archive

COLLABORATORS AND OTHERS:
Silvije Novak, Tatjana Grozdanić Begović,
Marko Drabrović, Saša Begović, Ljiljana Dordević,
Ines Vlahović, Željko Mohorović, Krunoslav Szoersen,
Nives Krsnik Rister, Dijana Vandekar, Tomislav Soldo,
Ana Deg (team)

This building is considered the first design hotel built in Croatia and is located in the tourist area of Rovinj. The floor was designed in a Y shape to allow a rational and functional organization scheme. All the spaces in the different levels communicate with a central and vertical lobby.

Este edificio es considerado como el primer hotel de diseño construido en Croacia y está situado en la zona turística de Rovinj. La planta se pensó en forma de Y para permitir un esquema de organización racional y funcional. Todos los espacios situados en los diferentes niveles se comunican con un vestíbulo central y vertical.

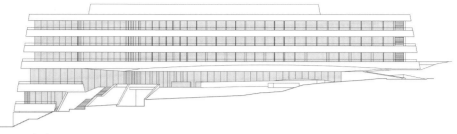

North elevation
Alzado norte

South elevation
Alzado sur

West elevation
Alzado oeste

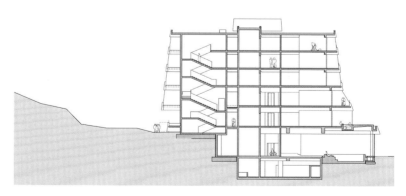

Section
Sección

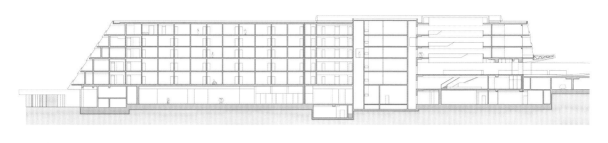

Sections
Secciones

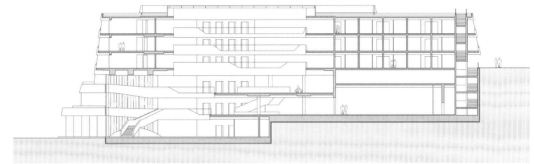

First floor plan
Planta primera

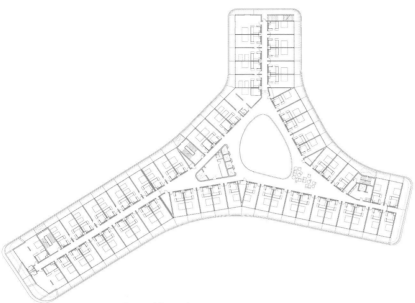

Second floor plan
Planta segunda

The hotel's identity is recognized by the outer design. The façade is characterized by the dominant horizontal lines, which evoke inclined ship decks.

La identidad del hotel es reconocida por el diseño exterior. La fachada se caracteriza por las líneas horizontales dominantes, que evocan las cubiertas de barcos inclinados.

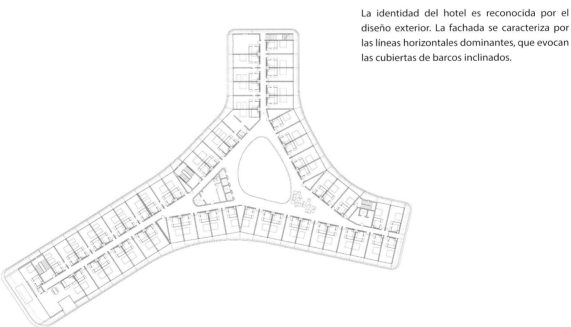

Third floor plan
Planta tercera

The interiors and furnishings have been designed and chosen especially for the hotel in order to achieve a distinct and recognizable identity.

Los interiores y el mobiliario se han diseñado y elegido especialmente para el hotel con el fin de lograr una identidad distinta y reconocible.

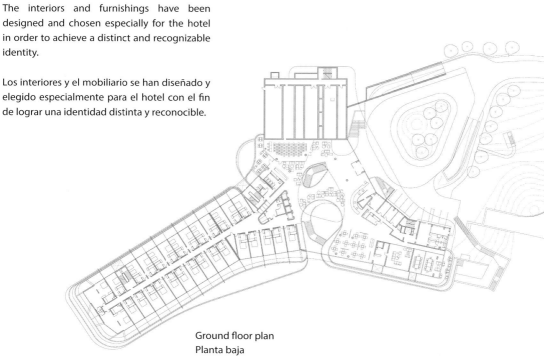

Ground floor plan
Planta baja

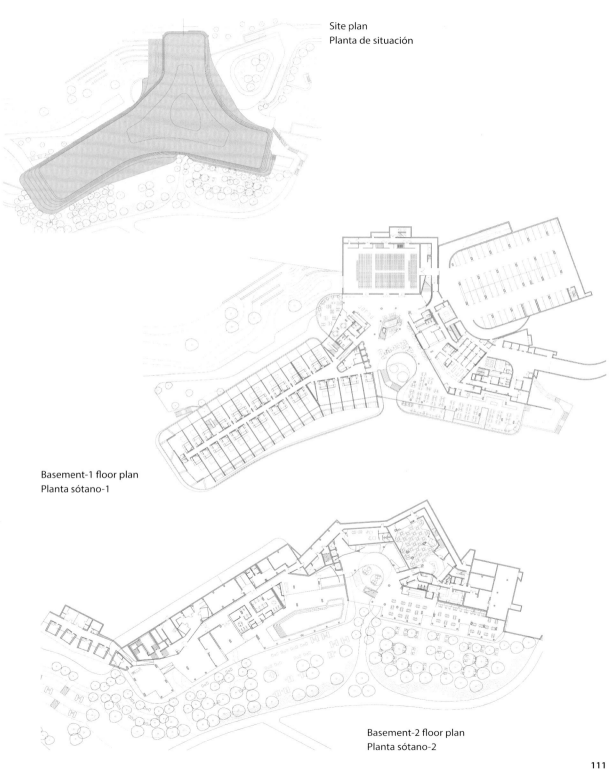

Site plan
Planta de situación

Basement-1 floor plan
Planta sótano-1

Basement-2 floor plan
Planta sótano-2

111

Hotel Q

Berlin, Germany

ARCHITECT:
GRAFT Architekten
www.graftlab.com

DIMENSIONS:
12,000 m² / 129,166.9 sq ft

PHOTOGRAPHER:
© Hiepler Brunier architekturfotografie

GRAFT presents a hotel that alters the classic spatial canon with a "topographic fault" in the floor plan. The tectonic logic comes from constructing elements in the project and deforming the furniture, mixing hybrid areas with a duplicity of function: the ramp is simultaneously a wall furnishing as well as acting as a room divider; the floor which rises in the walkway is a room lifting up from rising beneath the building's skin.

GRAFT presenta un hotel que cambia el canon espacial clásico por un "plegado topográfico" del programa. La lógica tectónica de la construcción de los propios elementos del proyecto y del mobiliario se deforma a sí misma, se mezcla en zonas híbridas con duplicidad de funciones: el área inclinada es, simultáneamente, un mobiliario de pared a la vez que también se utiliza como un separador de espacios; el pavimento que se eleva en la superficie de circulación es un espacio surgido debajo de la piel del edificio.

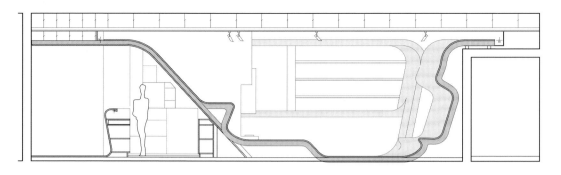

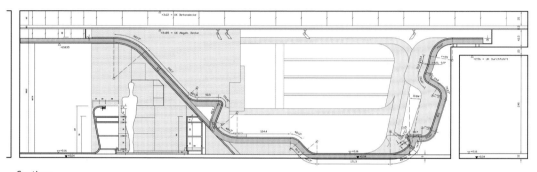

Sections
Secciones

72 guestrooms, 4 studios and a penthouse, plus a spa and a lounge off the impressive lobby, all a project from the team of architects at GRAFT.

72 habitaciones, 4 estudios y un ático, más un Spa y un Lounge, junto a un impresionante vestíbulo, conjunto obra del equipo de arquitectos de GRAFT.

Site plan
Plano de situación

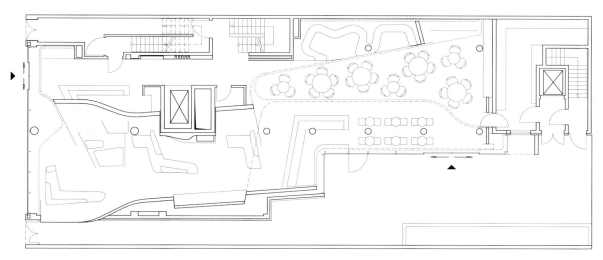

Ground floor plan
Planta baja

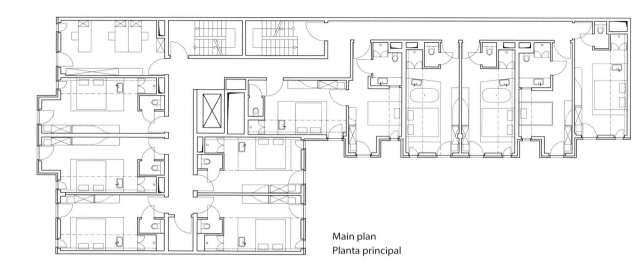

Main plan
Planta principal

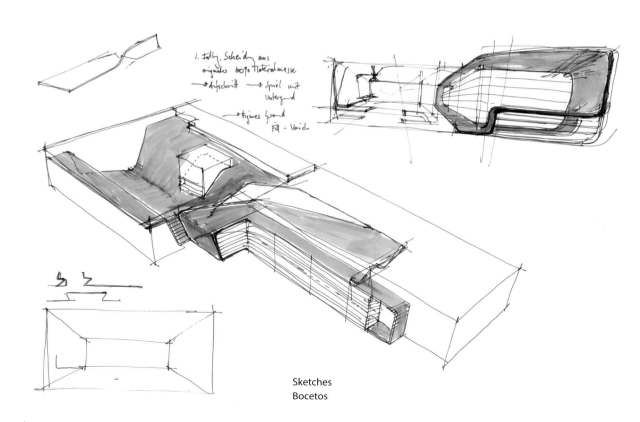

Sketches
Bocetos

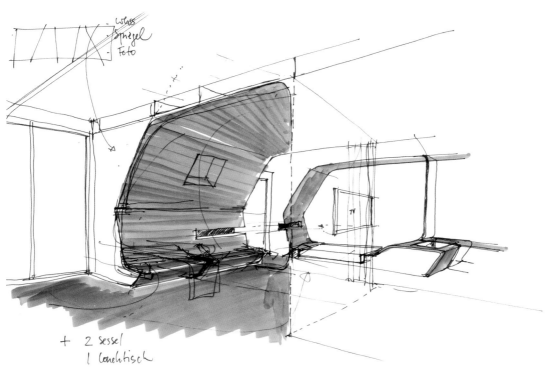

+ 2 Sessel
1 Couchtisch

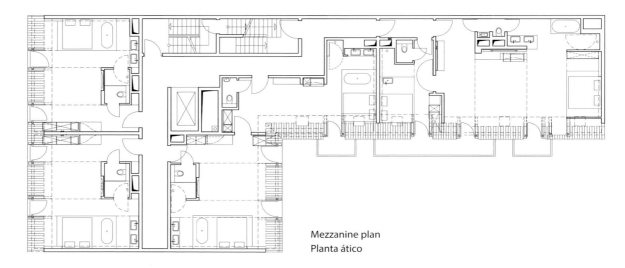

Mezzanine plan
Planta ático

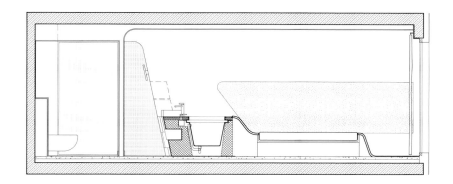

New Majestic Hotel

Singapore City, Singapore

ARCHITECT:
Various Artists
www.newmajestichotel.com

DIMENSIONS:
40,000 m² / 430,570 sq ft

PHOTOGRAPHER:
© New Majestic Hotel

Housed in a traditional conservation shop house located in the heart of Chinatown, the New Majestic Hotel features an emphasis on strong design, local culture and the Arts. The hotel aims to be a beacon of the "New Asia" genre of hotel where history is blended with modernity, international design with local inspiration – a cutting-edge product of our time.

Ubicado en una protegida tienda tradicional situada en el centro de Chinatown, el Hotel New Majestic se caracteriza por el énfasis de un diseño lleno de fuerza, cultura local y arte. Pretende ser la atalaya del género de hotel "Nueva Asia", donde la historia se fusiona con la modernidad y el diseño internacional con la inspiración local. Un producto vanguardista de nuestros tiempos.

Whether lounging on a designer couch or soaking in the twin vintage tubs, the loft rooms merges sensuous and relaxing activities in a singular dwelling space.

Resting on slender columns, the sleeping chamber floats above in a light filled attic space - celebrating the unique architectural qualities of the classic Singaporean Shophouse.

Ya sea para relajarse en un sofá de diseño como para remojarse en las clásicas bañeras gemelas, las habitaciones tipo loft fusionan actividades sensoriales y relajantes en un espacio único particular.

Sostenida por finas columnas, la cámara flota en el aire sobre un espacio lleno de luz, resaltando las cualidades arquitectónicas únicas de la clásica tienda típica de Singapur.

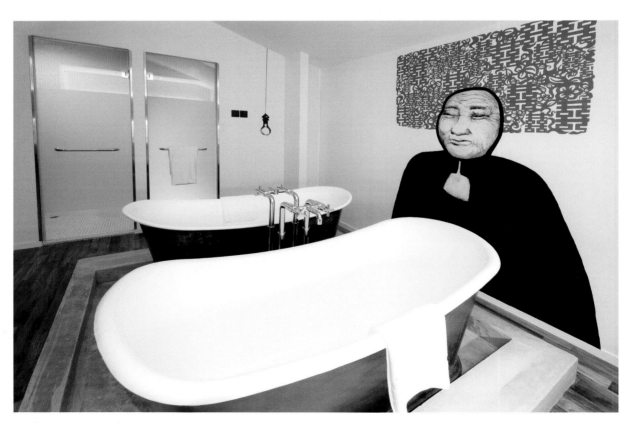

I am upside down because of you.

Squint Room.

A Big Goldfish.

The Pussy Parlour Room. Designed by Daniel Boey, fashion show producer.

Fluid Room. Designed by Wykidd Song, fashion designer (Song+Kelly21).

One day I slowly floated away.

Wayang Room. Designed by Glen Goei, film & theatre director.

Untitled Room. Designed by Patrick Chia,
furniture designer at Squeeze designs.

The Mirror Suite.

As a highlight within the hotel, New Majestic also features five room personalized by top creative individuals from unique disciplines. Each of the personalities have been given free-rein over their individual rooms – from flooring selection, to color of walls, and personalized interior decoration. These special concept rooms will be a tribute and showcase of Singapore's creativity and design vision to international media and visitors.

Como punto fuerte del hotel, el New Majestic también cuenta con cinco habitaciones diseñadas por importantes artistas de disciplinas únicas. A todos ellos se les ha dado libertad para crear sus habitaciones individuales, desde la selección del suelo hasta el color de las paredes y la decoración particular del interior. Estas habitaciones conceptualmente especiales son un tributo y una muestra de la creatividad y el diseño de Singapur para los medios de comunicación internacionales y los turistas.

Châteaux dans les Arbres
Cabane Monbazillac

Périgord, France

ARCHITECT:
Nid Perche
www.chateaux-dans-les-arbres.com

PHOTOGRAPHER:
© Châteaux dans les Arbres

DIMENSIONS:
Structure surface: 64 m^2 / 688.89 sq ft
Cabin surface: 26 m^2 / 279.86 sq ft
Terrace surface: 38 m^2 / 409 sq ft
Height: 4 m

The Monbazillac cottage melts into the landscape next to the forest. With a view overlooking the park, this suite in the treetops and its spa is waiting for you to relax. Take in views of the Biron Castle in the distance. You are also in a castle, but this is made of wood. The interior decoration will make you travel to the Far East and discover imperial antiques brought from Asia. A refined world impregnated of exoticism.

La cabaña Monbazillac se funde en el paisaje en las proximidades del bosque. Con una vista que domina el parque, esta suite en la cima de los árboles y su Spa le esperan para relajarse. Contemple el panorama con el castillo de Biron en la lejanía. Usted también está en un castillo, pero este es de madera. La decoración interior le hará viajar al lejano Oriente y descubrirá antigüedades imperiales venidas de Asia. Un refinado universo impregnado de exotismo.

1. Creating the main entrance to the Parque Residenciel de Loisir
2. Creating a reception parking including spaces for disabled persons
3. Creating a reception building
4. Private access is maintained
5. Private building not included in the Parque Residenciel de Loisir
6. Water tank designed to ensure protection in case of fire
7. Existing well which is to conserve and restore
8. Implementation of a system of connections to ensure protection in case of fire
9. Creating space for a pool
10. Pedestrian area
11. Implementation of a wood cottage Monbazillac model
12. Implementation of a wood cottage Hautefort model
13. Implementation of a wood cottage Milandes model
14. Fenced perimeter of the PRL (Residential Leisure Park)

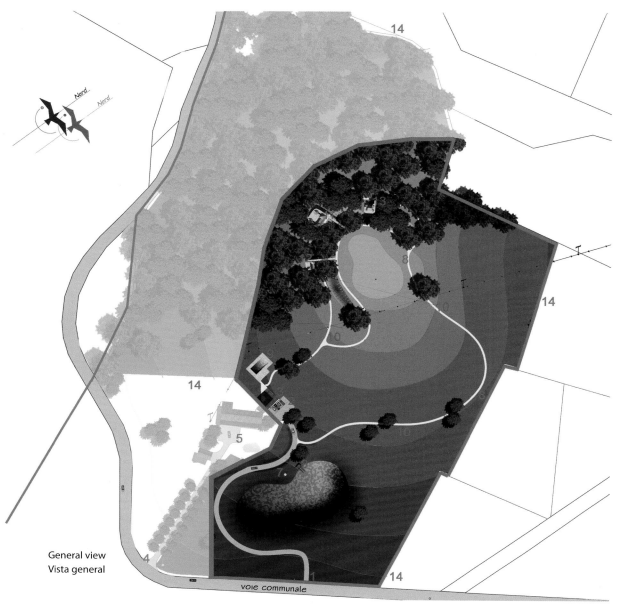

General view
Vista general

1. Creación entrada principal al Parque Residenciel de Loisir
2. Creación de un parking de recepción incluyendo plazas para minusválidos
3. Creación de un edificio de recepción
4. Se mantiene el acceso privado
5. Edificio privado que no está incluido en el PRL*
6. Depósito de agua destinado a asegurar la protección en caso de incendio
7. Pozo existente que se ha de conservar y restaurar

8. Implantación de un sistema de conexiones para asegurar la protección en caso de incendio
9. Creación de un espacio para la piscina
10. Vía peatonal
11. Implantación de un cabaña de madera modelo Monbazillac
12. Implantación de un cabaña de madera modelo Hautefort
13. Implantación de un cabaña de madera modelo Milandes
14. Vallado del perímetro del PRL*
* PRL = Parque Residenciel de Loisir (Parque Residencial de Recreo)

At the heart of Périgord, some ruins show that the Puybeton Domain was an important feudal castle in a distant past. Nowadays it has been transformed into a charming residence. The idea of building shacks similar to castles over the old moat was inspired by the history of that surrounding.

En el corazón del Périgord, algunas ruinas permiten adivinar que el Dominio de Puybeton fue en un pasado lejano un importante castillo feudal. En la actualidad se ha transformado en una encantadora residencia. Inspirándose en la historia de este lugar surgió la idea de construir cabañas con aspecto de castillo sobre el antiguo foso.

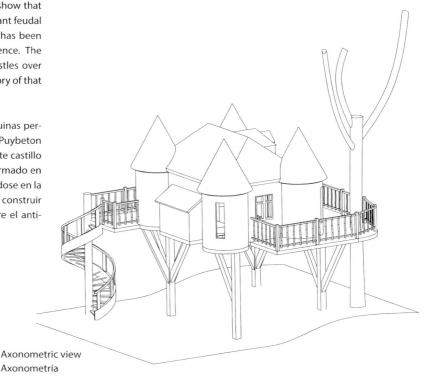

Axonometric view
Axonometría

The tree that houses the cottage does not hold it, since it is built on pillars. It's preserved as it was before the project, and proof of this are the branches passing through terraces and lounges.

El árbol que acoge la cabaña no la sostiene, ya que esta está construida sobre pilares. Se conserva tal y como estaba antes del proyecto, y prueba de ello son las ramas que atraviesan terrazas y salones.

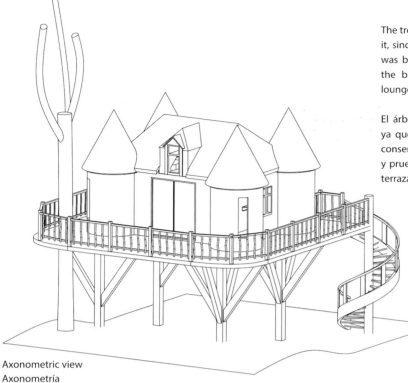

Axonometric view
Axonometría

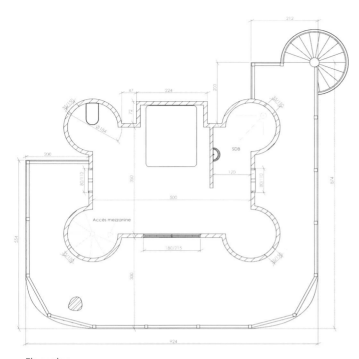

Floor plan
Planta

Mezzanine floor plan
Planta del altillo

UNUSUAL
& UNIQUE
HOTELS